Meu filho do coração

Publicado originalmente por Revell, uma divisão da Baker Publishing Group, Grand Rapids, Michigan, USA.

CIP-Brasil. Catalogação-na-fonte
Sindicato Nacional dos Editores de Livros, RJ

L563m

Leman, Kevin

Meu filho do coração: um livro para pais e filhos adotivos / Kevin Leman, Kevin Leman II; ilustração Kevin Leman II; tradução David Araújo. — 1. ed. — São Paulo: Mundo Cristão, 2015.

32 p.: il.; 21 cm.

Tradução de: My adopted child, there's no one like you

1. Adoção — Ficção infantojuvenil. 2. Ficção infantojuvenil americana. I. Leman, Kevin (Ilustrador). III. Araújo, David. IV. Título.

15-22571 CDD: 028.5
CDU: 087.5

Categoria: Família

Publicado no Brasil com todos os direitos reservados por:
Editora Mundo Cristão
Rua Antônio Carlos Tacconi, 79, São Paulo, SP, Brasil, CEP 04810-020
Telefone: (11) 2127-4147
www.mundocristao.com.br

1ª edição: setembro de 2015

Dr. Kevin Leman
& Kevin Leman II

Meu filho do coração

Um livro para pais e filhos adotivos

Ilustrado por
Kevin Leman II

Traduzido por DAVID ARAÚJO

mundocristão
São Paulo

Queridos Mamãe e Papai Ursos,

Vocês sabem: a adoção é uma das escolhas mais amorosas que podemos fazer. Nesta história, o jovem Panda agora pertence a uma afetuosa família de ursos. Ao final do livro, Panda se sente muito especial, mas, no início, enfrenta dúvidas.

Algumas questões sobre adoção podem parecer complicadas para crianças adotivas mais novas. Encorajamos vocês a falar sobre adoção com seu filho e a não deixar que esse assunto se torne um tabu. Pode ser que vocês não tenham todas as respostas — ou pode acontecer de hoje não ser o melhor dia para falar sobre isso —, mas conversar abertamente, quanto antes, os fará colher recompensas ao longo do caminho.

Evidentemente, caso conheçam detalhes sobre a família biológica de seu filho, vocês deverão escolher o que é bom contar agora e quais detalhes precisarão ser reservados para quando ele for mais velho. Caso não conheçam detalhes de como era a vida de seu pequenino antes que ele fizesse parte de sua família, evitem ficar inventando histórias a respeito. Mantenham as explicações simples e verdadeiras. Na maioria dos casos, pode-se dizer, por exemplo, que os pais adotivos desejavam uma criança e que a mãe biológica queria um lar para o filho. Dê ênfase ao amor que envolve essas escolhas.

Como a Mamãe Ursa diz ao Panda, as famílias nascem no coração. Esperamos que a conversa entre esses dois personagens os ajude a compartilhar esse conceito maravilhoso com seu filho. E não deixem em branco a última página deste livro! Ofereçam a seu filho a compreensão visual de pertencimento. Da mesma forma que para a criança é importante sentir-se bem quanto à adoção, é importante que ela se perceba como parte da família. Use a criatividade! Vocês podem até mesmo colocar a foto de seu bichinho de estimação em um dos quadros! Se for necessário adicionar mais quadros, essa atividade pode vir a se tornar um projeto de arte bem divertido. Cada família tem seu modo fascinante de ser diferente.

O mundo está repleto de filhos adotivos felizes e vitoriosos. Esperamos que este livro mostre para seu pequeno quão especial ele é, hoje, e será sempre.

Este livro é dedicado carinhosamente a
Kayla Lauren Tucker,
a garota de 8 anos mais doce e talentosa que eu conheço.
Kayla, você é amada e valorizada por muita gente,
especialmente por sua mãe e seu pai.

O dia já estava terminando na Escola da Floresta quando a Sra. Guaxinilda pediu que os alunos fizessem silêncio.

Então, ela disse:

— Antes de irmos embora, crianças, tenho uma tarefa muito legal para vocês fazerem em casa. Quem sabe o que é uma árvore genealógica ou árvore da família?

Panda não tinha a menor ideia do que a professora estava falando. Mas seu amigo Sidney Esquilo gritou:

— É a árvore onde a gente mora! A árvore da nossa família!

Todos riram, e a Sra. Guaxinilda sorriu.

— Sim, Sidney, é verdade que sua família mora em um lindo carvalho. Mas estou falando de algo diferente.

A Sra. Guaxinilda pegou um giz e desenhou uma grande árvore no quadro.

— Esta árvore mostra como é sua família, e também a família de sua mãe e a família de seu pai. É só colocar o nome deles em cada ramo. E todos os ramos vêm do mesmo tronco.

A professora guardou o giz e tirou o pó das patas dianteiras.

— A árvore genealógica mostra como surge uma família e como uma pessoa passa a fazer parte dela.

Panda não sabia se ia gostar dessa história. Ele pensou que a tarefa talvez fosse difícil de fazer, pois sua família era diferente das famílias de seus colegas de classe.

Minha
Família

Nessa hora, o sinal tocou. Todos os alunos da Escola da Floresta pularam da cadeira e correram para a porta.

— Ei, Panda! Quer escalar algumas árvores? — perguntou Sidney.

Panda não estava muito animado para brincar.

— Tenho que ir pra casa — disse ele, e passou direto pelo amigo.

Panda foi caminhando pela floresta mais devagar que de costume. Não olhou para os cogumelos nem ouviu os passarinhos. Ele estava pensando em sua árvore genealógica.

Em vez de entrar correndo na cozinha para fazer seu lanche da tarde, Panda passou quietinho pela porta. Mamãe Ursa o ouviu chegar, e para ela aquele era um som muito diferente. Era o som do… silêncio!

Mamãe sabia que havia algo estranho.

eu
mãe

Então Mamãe Ursa chamou:

—Panda, cadê você?

Panda parou e suspirou.

— Estou aqui, Mamãe — respondeu ele, entrando na cozinha.

Mamãe pôs na mesa os biscoitos de mel e eucalipto que havia preparado (uma receita secreta de família). Enquanto enchia um grande copo de leite, ela olhava de canto para seu filhote.

— O que aconteceu, querido?

Panda nem tocou nos biscoitos. Ele suspirou de novo.

— A Sra. Guaxinilda pediu que a gente desenhasse nossa árvore da família.

Mamãe balançou a cabeça. Com certeza, não parecia ser nada ruim.

— E por que isso está incomodando você?

— Porque eu sou adotado! — ele desabafou. — Quer dizer, nossa família é diferente!

— Ah, sim! Nossa família é diferente — a Mamãe sorriu. — Muito diferente mesmo!

Mamãe Ursa segurou com as patas o rosto de Panda e o virou em sua direção.

— Você já ouviu Papai Urso e eu conversarmos sobre como somos felizes por ter adotado você?

Mesmo com o queixo apoiado nas patas da Mamãe, Panda fez que "sim" com a cabeça.

— Bem, essa é a mais pura verdade — disse a Mamãe, sempre sorrindo.

Panda se afastou um pouco.

— Mas nós não somos... diferentes? — ele gaguejou. — Eu não pareço nem com você nem com o Papai. Quer dizer... eu... eu sou um panda!

— Sim, somos diferentes. Papai e eu somos ursos marrons, e você é um panda preto e branco. E quer saber de uma coisa? Nós achamos você o cara mais charmoso da floresta!

Panda deixou os ombros caírem.

— Ah, querido! Isso é uma coisa boa! — disse a Mamãe Ursa.

Então ela começou a explicar:

— Não somos apenas uma família diferente. Somos uma família especial. Sabe por quê? Porque somos uma família construída no amor, e só no amor. Nós queríamos você! Nós escolhemos você!

Panda pensou um pouco naquilo. Parecia bem especial. Então, voltou a pensar no desafio da árvore da família.

— Mas... de onde eu vim?

Mamãe olhou para Panda por algum tempo. Então, disse:

— Deixe-me contar uma história...

— É aquela história do vovô comendo toda a torta da vovó antes que o pessoal chegasse?

— Não, querido. Você nunca ouviu essa história. Mas acho que vai gostar.

Mamãe Ursa colocou Panda no colo, e ele se afundou no pelo marrom e macio que cobria o corpo dela.

Mamãe começou, então, a contar:

— Era uma vez uma jovem panda que vivia em outra floresta. Ela ia ter um bebê. Bem, normalmente esse é um momento feliz. Mas ela estava sozinha e era tão jovem que se perguntava se era capaz de cuidar de um bebê. E ela pensou, pensou e pensou. Ela era muito inteligente, e logo soube o que fazer: decidiu encontrar uma família para seu bebê. Era a coisa mais amorosa que poderia fazer.

Pela voz da Mamãe, Panda percebeu que estava sorrindo.

— Foi aí que Papai Urso e eu entramos na história. Nós queríamos muito, muito, muito um bebê. Pesquisamos para ver se alguém buscava uma família carinhosa para seu filhote. Esperamos por muito tempo, até que, finalmente, aquela mamãe panda nos encontrou. Ah, que surpresa maravilhosa!

E, apertando em seus braços o pequeno Panda, Mamãe disse:

— Nunca vou me esquecer daquele dia!

— Como ela era, Mamãe?

— Bem, ela era uma linda panda preta e branca. Tinha olhos brilhantes, um nariz bonito, e se parecia muito com você. O mais importante é que ela era muito amorosa. Por isso sabíamos que tínhamos encontrado um bebê panda muito especial.

Mamãe se afastou um pouco e olhou para o filhote.

— Isso é adoção, querido. É a coisa mais amorosa que alguém pode fazer.

Panda pensou naquilo.

— Quer dizer que ela achou um lar para mim porque me amava?

— Claro! E Papai e eu fomos muito abençoados! Ganhamos um pequeno panda muito amoroso e amável!

Panda ficou em pé. Essa história era diferente da que ele esperava. E diferente de um jeito bom.

Mamãe Ursa e Panda sentaram um ao lado do outro por um instante. Então, Panda pensou em mais uma coisa:

— Mamãe, de onde ela veio?

— Vou mostrar no mapa. E acho que já é hora de você ler sobre pandas. Tenho um livro sobre eles, vou pegar para você. — Pela voz da Mamãe Ursa, dava para perceber que ela estava animada. — Sabe de uma coisa?

— O quê?

— Você pode colocar tudo isso na sua árvore da família. Veja como sua família é interessante e especial!

— Sim — disse Panda, pensativo. — É muito interessante!

— E especial — acrescentou Mamãe, cutucando-o.

— Especial... — Panda repetiu. Era verdade. Ele concordou. — Diferente, mas especial.

PANDA

Mamãe segurou na pata de seu filhote e disse:

— É Deus quem faz as famílias, você sabe: todo tipo de famílias. E Deus sabia que você, Papai e eu seríamos uma família maravilhosa.

Panda pensou sobre aquilo. Ele prestou atenção na toca confortável. Dava para sentir o cheiro dos biscoitos fresquinhos. Dava para ver as fotos da pescaria que ele tinha feito com seus primos e Papai Urso. Então, finalmente ele concordou:

— Somos uma boa família, Mamãe. Todo mundo diz isso.

— Todo mundo? — Mamãe Ursa perguntou sorridente. Panda pulou para o colo dela e Mamãe lhe deu mais um abraço de urso. — Deixa eu contar só mais uma coisa.

— O que é, Mamãe?

— Você é meu filhote do coração, Panda. Você nasceu bem aqui — Mamãe disse, apontando para o próprio peito peludo. — Nunca se esqueça de que Papai e eu o amamos muito e sempre vai ser assim. Sempre seremos parte um do outro e, mesmo quando for adulto, você vai continuar morando no meu coração.

Panda entendeu. Realmente, adoção era uma coisa muito especial. Vinha direto do coração.

— Também te amo, Mamãe.

Ele escorregou para fora do colo da Mamãe Ursa.

— Vou pegar meus lápis — Panda avisou. — Tenho que desenhar minha árvore da família — ele sorriu. — Minha árvore diferente, interessante, bacana e especial!

No dia seguinte, Panda apresentou sua árvore da família para toda a classe. E estava bem orgulhoso de seu trabalho. Ele tinha feito algo bastante especial. Ah, e também levou uma porção de biscoitos de eucalipto e mel que sua mãe tinha feito.

— É uma receita secreta da família — disse Panda à turma.

— Hummm... Nunca tinha experimentado biscoitos de eucalipto e mel. São diferentes... e muito bons! — comentou a Sra. Guaxinilda.

"Exatamente como minha família", Panda pensou com um grande sorriso. E aproveitou para pegar mais um biscoito.

Família do porco
MINHA FAMÍLIA
FAMÍLIA
EU
MANO
PAI
MÃE

A árvore genealógica que Panda e Mamãe Ursa
fizeram se parecia bastante com esta.
Mas eles colocaram fotos nos quadros.

E sua família? Como é?
Está vendo o quadro maior?
É para você colocar a sua foto.

Lembre-se: não tem problema se alguns quadros ficarem vazios ou se você tiver que fazer outros quadros, porque esta é a *sua* árvore da família. E sua família é especial.

Porque não há ninguém como você!

você!

Compartilhe suas impressões de leitura escrevendo para:
opiniao-do-leitor@mundocristao.com.br
Acesse nosso *site*: www.mundocristao.com.br

Equipe MC: Daniel Faria
Natália Custódio
Heda Lopes
Diagramação: Triall Composição Editorial Ltda.
Gráfica: Imprensa da Fé
Fonte: Adobe Caslon Pro
Papel: Couchê Fosco 150 g/m² (miolo)
Cartão 250 g/m² (capa)